Bibliothek für Lebenskünstler

Bibliothek für Lebenskünstler

Viel Kinder, viel Segen!

Ein Buch von Kindern
und ihrer Entwicklung vom Schreihals
zum Flegel

Mit vielen Zeichnungen
von Fiep Westendorp und Texten
von Jean Paul, J. J. Rousseau, Mark Twain,
Wilhelm Busch, Christian Morgenstern, Joachim
Ringelnatz, Kurt Tucholsky, Manfred Hausmann,
Sigismund von Radecki, Ernst Heimeran,
Ernst Penzoldt, Erich Kästner, Adriaan
Morriën und vielen andern

HERAUSGEGEBEN
VON CHRISTIAN STRICH

DIOGENES

1.–10. Tausend 1958
11.–20. Tausend 1960
21.–26. Tausend 1964
27.–32. Tausend 1967
33.–42. Tausend 1972

DRUCK BENZIGER EINSIEDELN
EINBAND W. EIBERT
ESCHENBACH
ISBN 3 257 00680 2

Es gibt keine Kinder mehr

Argan in ›Der eingebildete Kranke‹ von Molière

Die Wiege

Die Wiegenkinder von heute werden auf Deck sein. Sorgt für eine gute Erziehung, denn wir werden ihnen ein schönes Stück Arbeit hinterlassen. Unter den drei bis vier Millionen Wiegen, die jetzt im Lande geschaukelt werden, sind einige, die unsere Nation Menschenalter hindurch als Heiligtümer aufbewahren würde, wenn wir nur schon wüßten, welche. In einer dieser Wiegen zahnt augenblicklich der ahnungslose Farragut der Zukunft – man denke – und hat im stillen seinen gehörigen Ärger damit. In einer andern blinzelt der zukünftige berühmte Astronom nur mit mattem Interesse die Milchstraße an – der arme kleine Schelm! – und ist neugierig, was wohl aus jener anderen geworden ist, die man Amme nennt. In einer andern liegt der künftige große Historiker – ohne Zweifel wird er dereinst fortfahren zu lügen, bis seine Sendung auf Erden erfüllt ist. In einer andern beschäftigt sich der zukünftige Präsident mit keinem tieferen Staatsproblem als mit dem, was zum Teufel so früh aus seinem Haar geworden ist; und in einer ungeheuren Schlachtordnung anderer Wiegen liegen jetzt sechzigtausend künftige Stellenjäger, die ihm später Veranlassung geben werden, sich noch einmal mit demselben alten Problem herumzuschlagen. Und in wieder einer anderen Wiege liegt der künftige berühmte Oberkommandeur der amerikanischen Armee, so wenig beschwert von seiner kommenden Größe und Verantwortlichkeit, daß er in diesem Augenblick seinen ganzen strategischen Sinn darauf richtet, ein Mittel ausfindig zu machen, wie er seine große Zehe in den Mund kriegen kann – eine Leistung, der – mit Respekt zu sagen – unser heutiger berühmter Gast seinerseits vor etwa sechsundfünfzig Jahren seine ganze Aufmerksamkeit zuwandte; und wenn das Kind nur eine Prophezeiung des künftigen Mannes ist, so werden wenige daran zweifeln – daß es ihm gelang. *Mark Twain*

Auszug aus seinem ›Trinkspruch auf die Säuglinge‹, gehalten bei dem Festessen der Tennessee-Armee zu Ehren ihres Oberbefehlshabers, General Grant in Chicago, November 1879

Eine Szene aus dem Duodrama zweier Zwillinge im Mutterleibe

A: Hast du gestern gehört, was die Hebamme gesagt hat?

B: Nein, ich habe geschlafen. Was sagte sie denn?

A: Es würde nun nicht über acht Tage währen, so sollte der kleine Junge heraus.

B: Horch, ich höre wieder Musik, wenn nur die Mutter nicht tanzt! Ich habe mir bei dem letzten Ball hier die Hüfte verrenkt, das tut mir abscheulich weh.

A: Und ich stieß mir die Nase aufs Knie, daß ich sie gar nicht mehr finden kann; und der Himmel weiß, was die Mutter getrunken hat, höre, Bruder, ich war pudeldick. Du kannst gar nicht glauben, was mir da seltsam ward. Die Kugeln zu beiden Seiten der Nase sind auch Ohren, Bruder – ich hörte Worte damit, die

ich nicht sprechen kann, denn wenn ich sie sprechen will, so höre ich sie nur mit den Seitenohren.

B: Oh, das habe ich oft, ich stieß mich neulich an eins der Vorderohren, da hörte ich ein Wort, das klang wie spitz.

Georg Christoph Lichtenberg

Die Taufe

Man trug Uilenspiegel zur Taufe; plötzlich ging ein Regenguß nieder, der ihn ordentlich durchnäßte. So wurde er zum ersten Male getauft.

Als sie mit ihm die Kirche betraten, sagte der Küster, der Schoolmeester, dem Paten und der Patin, dem Vater und der Mutter, sie müßten sich rings um das Taufbecken aufstellen; und das taten sie. An der Deckenwölbung, gerade über dem Becken, war von einem Maurer ein Loch gemacht, wo an einem Sterne aus vergoldetem Holze eine Lampe aufgehängt werden sollte. Der Maurer, der von oben den Paten und die Patin stocksteif um das Becken, das zugedeckt war, stehn sah, goß nun tückisch durch das Loch in der Wölbung einen Eimer Wasser aus, und das gab auf dem Deckel des Beckens ein großes Spritzen. Aber Uilenspiegel bekam das meiste. Und so wurde er zum zweiten Male getauft. Der Dechant kam. Sie beklagten sich bei ihm, aber er sagte ihnen, sie möchten sich beeilen, und das sei ein Zufall gewesen. Uilenspiegel zappelte heftig wegen des Wassers, das ihn getroffen hatte. Der Dechant gab ihm Salz und Wasser und nannte ihn Thijlbert, was besagen will ›Voller Unruh‹. So wurde er zum dritten Male getauft.

Aus der Frauenkirche gingen sie gegenüber in der Langestraat in den ›Rosenkranz der Flaschen‹, wo das Credo von einem Kruge gebildet wurde. Dort tranken

sie siebzehn Kannen Doppelbier und noch mehr. Denn um durchnäßte Leute trocken zu machen, ist es die richtige Art in Flandern, im Wanst ein Feuer mit Bier zu entzünden. So wurde Uilenspiegel zum vierten Male getauft.
Als sie bei der Heimkehr den Weg im Zickzack gingen, den Kopf schwerer als den Körper, kamen sie zu einem Stege, der über eine kleine Pfütze gelegt war; Katelijne, die als Patin das Kind trug, tat einen Fehltritt und fiel in den Schlamm samt Uilenspiegel, der also das fünfte Mal getauft wurde. Man zog ihn aus der Pfütze und wusch ihn in Klaasens Hause mit lauem Wasser, und das war seine sechste Taufe.

Aus ›Uilenspiegel und Lamme Goedzak‹ von Charles de Coster

Vererbung

Die Mutter erzählt, sie habe während ihrer Schwangerschaft im fremden Garten einen Apfel hängen sehen, ihn aber nicht abbrechen wollen, damit ihr Kind kein Dieb werde. Mein Leben hindurch behielt ich ein geheimes Gelüste nach schönen Äpfeln, aber verbunden mit Respekt vor fremdem Eigentum und Abscheu vor Diebstahl.

Heinrich Heine

Das Wickelkind

Julchen, als ein Wickelkind,
Ist so, wie so Kinder sind.
Manchmal schläft es lang und feste,
Tief versteckt in seinem Neste.
Manchmal mit vergnügtem Sinn
Duselt es so für sich hin.
Manchmal aber wird es böse,
Macht ein lautes Wehgetöse
Und gibt keine Ruhe nicht,
Bis es was zu lutschen kriegt. –
Sein Prinzip ist überhaupt:
Was beliebt, ist auch erlaubt;
Denn der Mensch als Kreatur
Hat von Rücksicht keine Spur.

Aus ›Julchen‹ von Wilhelm Busch

Das Kind ruhet

Es war einmal ein klein Knäblein, das war auf ein Nacht so unruhig, daß Vater und Mutter nit schlafen kunnten. Zu Mitternacht schwieg es ein Weil. Da sprach die Mutter zu dem Mann: Das Kind will schlafen, nun wöllen wir auch schlafen. Das Kind hört es und sprach: Ich will nit schlafen. Ich hab geschrien, daß ich müd bin, ich will ein Weil ruhen, daß ich darnach aber schreien mög, daß ihr nit schlafen mögen.

Aus Paulis ›Schimpf und Ernst‹, 1522

Motetto
als der erste Zahn durch war

Viktoria! Viktoria!
Der kleine weiße Zahn ist da.
Du, Mutter! komm, und groß und klein
Im Hause! kommt und guckt hinein
Und seht den hellen, weißen Schein.
Der Zahn soll Alexander heißen!
Du liebes Kind! Gott halt' ihn dir gesund
Und geb' dir Zähne mehr in deinen kleinen Mund
Und immer was dafür zu beißen!

Matthias Claudius

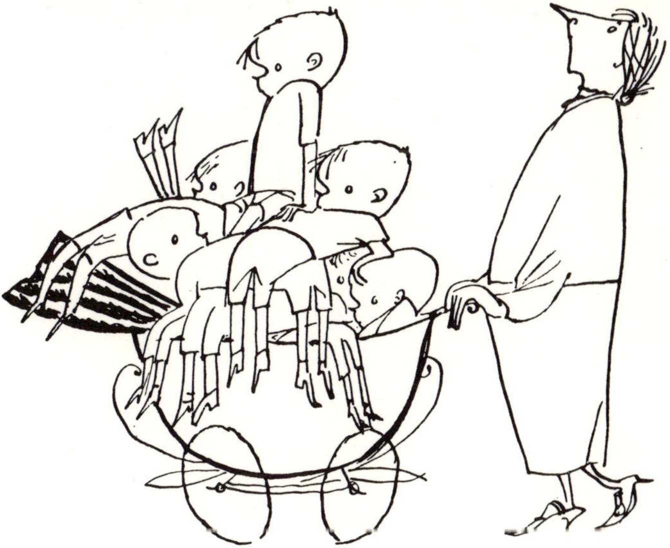

Das Geburtstagslied, oder: Die Zeichen, oder: Sophie und kein Ende

Ein Kindelein
im Windelein
heut macht es noch ins Bindelein;
doch um das Haus
o Graus o Graus
da blasen böse Windelein.

»Ein Mädelein«,
rufts Hedelein
und kneift ihm in die Wädelein.
Doch an dem Haus
o Graus o Graus
da wackeln alle Lädelein.

Ein Eulelein
schiebts Mäulelein
vorbei am Fenstersäulelein.
Es ruft ins Haus
o Graus o Graus
hört ihr die Silbergäulelein.

Wie sich das Galgenkind die Monatsnamen merkt

Jagurar
Zebra
Nerz
Mandrill
Maikäfer
Pony
Muli
Auerochs
Wespenbär
Locktauber
Robbenbär
Zehenbär

Aus den ›Galgenliedern‹ von Christian Morgenstern

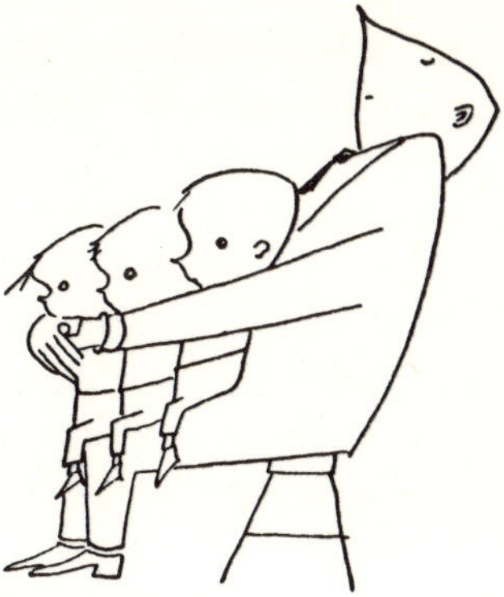

Von Vater und Mutter

Was der Mutter ans Herz geht, das geht dem Vater nur an die Knie.

Sprichwort

Die Mutter liebt die Kinder mehr als der Vater, denn sie weiß, daß es ihre Kinder sind; dieser glaubt es nur.

Nenander

Die Mutter wird stärker vom Söhnchen als vom Vater beherrscht.

Jean Paul

Das Mütterliche verehrt mir. Der Vater ist immer nur ein Zufall.

Nietzsche

Mit Vorliebe behaupten überbürdete Männer der Geschäftswelt nämlich, sie hätten sich ihr Lebtag nur deshalb abgerackert, damit ihre Kinder es einmal recht gut hätten. Denen aber wäre es viel lieber, der Vater gäbe ihnen bei Lebzeiten dann und wann einmal einen Zehnmarkschein und ein freundliches Wort, statt ihnen nach seinem Tode ein Vermögen zu hinterlassen. Zudem fühlen die Kinder ganz richtig heraus, daß der Vater seinen Geschäften nachgeht, weil er nicht anders kann, und durchaus nicht aus elterlicher Liebe zu ihnen. Der Sohn ist deshalb ebenso durchdrungen davon, daß sein Vater ein leerer Schwätzer, wie der Vater, daß sein Sohn ein Nichtsnutz ist.

Bertrand Russell

Wie die Väter meist sind, ist es selten ein Unglück, keinen Vater zu haben; und betrachtet man die allgemeine Beschaffenheit der Söhne, so ist es ebenso selten ein Unglück, ohne Kinder zu sein.

Chesterfield in einem Brief an seinen Sohn

Es gibt sonderbare Väter, deren ganzes Leben damit erfüllt ist, ihren Kindern Gründe zu verschaffen, sich über ihren Tod zu trösten.

La Bruyère

Viel Kinder, viel Segen!

Kinder und Uhren dürfen nicht beständig aufgezogen werden, man muß sie auch gehen lassen.

Jean Paul

Wüchsen die Kinder in der Art fort, wie sie sich andeuten, so hätten wir lauter Genies.

Goethe

Es gibt heutzutage so viele Genies, daß man recht froh sein soll, wenn einem einmal der Himmel ein Kind beschert, das keines ist.

Lichtenberg

Die Natur will, daß die Kinder Kinder seien, ehe sie Männer werden. Wollen wir diese Ordnung umkehren, so werden wir frühreife Früchte hervorbringen, die weder Saft noch Kraft haben: junge Gelehrte und alte Kinder.

Rousseau

Die Kinder kennen weder Vergangenheit noch Zukunft und – was uns Erwachsenen kaum passiert – sie genießen die Gegenwart.

La Bruyère

Kind, spiele!

Kind, spiele!
Spiele Kutscher und Pferd! –
Trommle! – Baue dir viele
Häuser und Automobile! –

Koche am Puppenherd! –
Zieh deinen Püppchen die Höschen
Und Hemdchen aus! – Male dann still! –
Spiele Theater: ›Dornröschen‹
Und ›Kasperl mit Schutzmann und Krokodil!‹ –

Ob du die Bleisoldaten
Stellst in die fürchterliche Schlacht,
Ob du mit Hacke und Spaten
Als Bergmann Gold suchst im Garten im Schacht,
Ob du auf eine Scheibe
Mit deinem Flitzbogen zielst, –

Spiele! – Doch immer bleibe
Freundlich zu allem, womit du spielst.
Weil alles (auch tote Gegenstände)
Dein Herz mehr ansieht, als deine Hände.
Und weil alle Menschen (auch du, mein Kind)
Spielzeug des lieben Gottes sind.

Joachim Ringelnatz

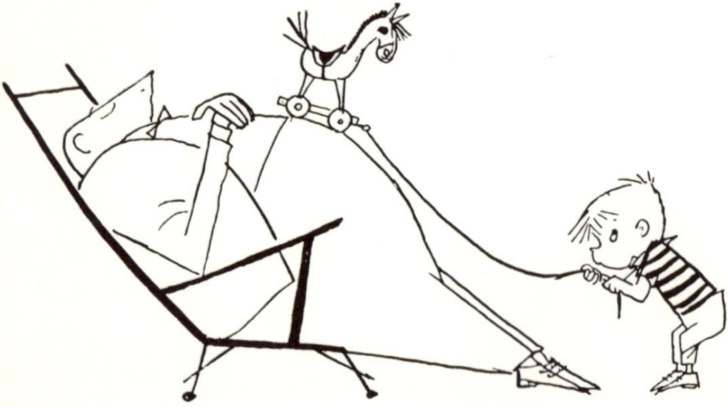

Über frühreife Kinder

Über *eine* Bemerkung, die ich in meiner frühesten Kindheit machte – es war nicht einmal ein Witzwort – wäre es beinahe zu einem ernsten Zerwürfnis zwischen meinem Vater und mir gekommen. Das trug sich nämlich so zu: Eines Tages unterhielten sich meine Eltern mit Onkel, Tante und mehreren Freunden darüber, welchen Namen man mir geben solle. Ich lag da, beschäftigt, verschiedene Gummiringe zu probieren, um die besten auszuwählen, weil ich es satt hatte, mir die kommenden Zähnchen an anderer Leute Fingern durchzubeißen und nach einem Gegenstand trachtete, mit dessen Hilfe ich dies Geschäft rasch zu Ende führen und dann etwas Neues beginnen könne. Man weiß ja, was für eine Quälerei es ist, sich die Zähne am Finger der Amme durchzubeißen, oder welche Mühe man hat und wie man sich den Rücken fast zerbricht, wenn man die eigene große Zehe dazu benützen will. Wer hat nicht dabei schon die Geduld verloren und seine Zähne ins Pfefferland gewünscht, noch ehe ihre ersten Spitzchen durchguckten? – Mir ist's, als wäre das alles erst gestern geschehen.

Doch ich will nicht weiter abschweifen. Also – ich lag da und wählte mir meine Gummiringe; als dabei mein Blick zufällig die Uhr traf, fiel mir ein, daß ich in einer Stunde und fünfundzwanzig Minuten gerade zwei

Wochen alt sein würde. Ach, wie wenig hatte ich noch getan, um die Wohltaten zu verdienen, mit denen man mich so verschwenderisch überhäufte!
Jetzt hörte ich, wie der Vater sagte: »Abraham ist ein guter Name; mein Großvater hieß Abraham.«
»Jawohl«, erwiderte die Mutter, »mir ist Abraham für einen seiner Zunamen ganz recht.«
Ich wollte auch meine Meinung abgeben: »Abraham gefällt dem Unterzeichneten«, sagte ich.
Da runzelte der Vater die Stirn, aber meine Mutter machte ein ganz vergnügtes Gesicht, und die Tante rief: »Hört nur den lieben kleinen Schelm!«
»Isaak ist ein guter Name«, fuhr mein Vater fort, »auch Jakob könnten wir wählen.«
»Gewiß«, stimmte die Mutter bei, »bessere Namen gibt es gar nicht. Wir wollen ihn auch Isaak und Jakob nennen.«
»Einverstanden«, sagte ich, »mit Isaak und Jakob bin ich zufrieden und verbleibe ganz der Ihrige. Bitte, gebt mir doch einmal die Klapper her; ich kann nicht den ganzen Tag an Gummiringen kauen.«

Keine Seele machte sich Notizen von meinen Äußerungen zum Zweck der Veröffentlichung. Das sah ich und tat es selber, sonst wären sie gänzlich verlorengegangen. Statt daß man mich liebevoll ermuntert hätte, wie es bei andern Kindern geschieht, die sich geistig aufgeweckt zeigen, strafte mich der Vater mit einem Zornesblick, die Mutter sah ängstlich und bekümmert aus, und auch die Tante schien zu meinen, ich hätte mir zu viel herausgenommen. Voll Ingrimm biß ich meinen Gummiring entzwei und zerschlug verstohlen die Klapper auf dem Kopf des Kätzchens, doch sagte ich nichts.

»Der allerbeste Name ist Samuel«, begann mein Vater von neuem. Da wußte ich, daß ein Sturm im Anzug sei, den nichts abwenden könne. Ich legte meine Klapper hin, ließ des Onkels silberne Uhr über den Rand der Wiege fallen, desgleichen die Kleiderbürste, das hölzerne Hündchen, meine Zinnsoldaten, das Reibeisen und sonstige Gegenstände, mit welchen ich für gewöhnlich meine Untersuchungen und Beobachtungen anstellte oder ein angenehmes Geräusch hervorbrachte – gelegentlich zerschlug, zerbrach und zertrümmerte ich sie auch, wenn es galt, mir eine gesunde Bewegung zu machen. Dann zog ich mein Röckchen an, setzte mein Mützchen auf, nahm die kleinen Schuhe in eine Hand, das Stück Lakritze in die andere und kletterte auf den Fußboden hinunter.
Mag daraus werden, was will, dachte ich bei mir, ich bin bereit.
Mit lauter, fester Stimme sagte ich nun: »Vater, das ist unmöglich – den Namen Samuel kann ich nicht tragen.«
»Wie, mein Sohn?«

»Wirklich, Vater, ich kann es nicht.«
»Warum nicht?«
»Ich habe eine unbezwingliche Abneigung dagegen.«
»Das ist unverständig, mein Sohn. Viele große und gute Männer hießen Samuel.«
»Davon ist mir kein Beispiel bekannt.«
»Was? War nicht Samuel, der Prophet, groß und gut?«
»Hm! Nicht so besonders.«
»Aber, mein Sohn! Der Herr rief ihn doch mit seiner eigenen Stimme.«
»Jawohl, aber er mußte ihn ein paarmal rufen, bis er endlich kam.«
Damit ergriff ich die Flucht, und der strenge alte Mann lief mir nach. Um die Mittagsstunde des nächsten Tages holte er mich ein, und als unsere Zusammenkunft vorüber war, hatte ich richtig den Namen Samuel erhalten, dazu eine Tracht Schläge und manche nützliche Belehrung obendrein. Nachdem mein Vater die Sache auf diese Weise ausgeglichen hatte, war sein Zorn beschwichtigt. Gut, daß ich Vernunft annahm, sonst hätte unsere Uneinigkeit leicht zu einem unheilbaren Bruch führen können.

Mark Twain

In einem kleinen Dorf duzen sich alle Leute. Nun, der Besuch des Schulinspektors wird gemeldet. Da sagt der Lehrer:
»Dem Herrn Inspektor dürft ihr aber nicht ›du‹ sagen!«
Der Inspektor kommt, fragt einen Schüler:
»Wie lautet denn das siebente Gebot?«
Worauf er die Antwort erhält:
»Sie sollen nicht stehlen, Herr Inspektor!«

Die hochdramatische Sängerin muß sich einer energischen Abmagerungskur unterziehen. Scherzend sagt der Gatte zum kleinen Peter:
»Was wirst du sagen, wenn wir nächstens mit einer schönen, schlanken Dame spazierengehen?«
»Ganz gut«, meint Peter. »Aber was machen wir dann mit der Mama?!«

Heiki Eis, Sohn der Schauspielerin Maria Eis und selber ein Theaterwunderkind, war mit seiner Mutter in der Kirche. Bald ist seine Aufmerksamkeit nur noch auf das ewige Licht gerichtet, und schließlich flüstert er:
»Nicht wahr, Mutti, wenn es grün wird, dürfen wir gehen.«

Ein siebenjähriger New Yorker beschreibt seine Eindrücke von Rom folgendermaßen, aber unübersetzbar:

»Rome is a very small city. But some things are big. A theater calld the Cowleeceum and some broken down palaces. There was once upon a time a king calld Nairow. Nairow threw poor X.stions – Diese Orthographie ist analog zu X-mas entstanden – to wild tigers and lions. One day a soldier pushed Nairow who was his boss down. These days cats are all over the place.«

Mitgeteilt von N.O. Scarpi

Der selber Vater ist

Auf springt die Tür. – An Bein und Arm
Geräuschvoll hängt der Kinderschwarm.
Ho! – ruft der Franzel – Kinder hört!
Jetzt spielen wir mal Droschkenpferd!

Papa ist Gaul und Kutscher ich.
Ja! – ruft die Gustel – fahre mich!
Ich – ruft der Fritz – will hinten auf!
Hopp hopp, du altes Pferdchen, lauf!
Hü! – ruft der kleine Balduin –
Will er nicht ziehn, so hau ich ihn! –

Wer kann bei so bewandten Dingen
Ein Dichterwerk zustande bringen? –

Nun meint man freilich, sei die Nacht,
Um nachzudenken, wie gemacht.
Doch oh! wie sehr kann man sich täuschen!
Es fehlt auch hier nicht an Geräuschen!
Der Papa hat sich ausgestreckt,
Gewissenhaft sich zugedeckt;
Warm wird der Fuß, der Kopf denkt nach;
Da geht es Bäh! vielleicht nur schwach.
Doch dieses Bäh erweckt ein zweites,
Dann Bäh aus jeder Kehle schreit es.
Aus Mamas Mund ein scharfes Zischen,
Bedrohlich schwellend, tönt dazwischen,
Und Papas Baß, der grad noch fehlte,
Verstärkt zuletzt das Tongemälde.

Wie peinlich dies, ach, das ermißt
Nur der, der selber Vater ist.

Aus ›Balduin Bählamm‹ von Wilhelm Busch

Von der guten Kinderstube

Ich fürchte, unsere allzu sorgfältige Erziehung liefert uns Zwergobst.

Lichtenberg

Die Erziehung ist ein Radiermesser, das den Klecks durchschimmern läßt.

Jean Paul

Wie die Mutter die eigentliche Amme ist, ist der Vater der eigentliche Lehrer. Das Kind wird von einem vernünftigen, wenn auch, was die Kenntnisse betrifft, etwas beschränkten Vater besser als von dem geschicktesten Lehrer der Welt erzogen werden, denn der Eifer wird das Talent eher als das Talent den Eifer ersetzen.

Rousseau

Gerade weil im Kinde jener unheilschwangere Trieb fehlt, ist das Wollen desselben so gemäßigt und dem Erkennen untergeordnet, woraus jener Charakter von Unschuld, Intelligenz und Vernünftigkeit entsteht, welcher dem Kindesalter eigentümlich ist.

Schopenhauer

Kindererziehung ist ein Beruf, wo man Zeit zu verlieren verstehen muß, um Zeit zu gewinnen.

Rousseau

Eine schlechte Kinderstube wird durch kein Begräbnis erster Klasse wettgemacht.

O. J. Bierbaum

Der Keuchhusten

Die Powenzbande wohnte nicht, sie hauste. Sie wuchs sozusagen wild inmitten dieser sonst fast nur von friedlichen Pfarrerswitwen und braven Pensionisten bewohnten Stadt.

Eine sehr große Kiste, auf der in schwarz schablonierten Lettern noch zu lesen war: Eilgut. Vorsicht! Nicht stürzen!, diente als Tisch, kleinere Kisten als Stühle. Die große Kiste war gleichzeitig so eingerichtet, daß man den jeweils Ungezogensten vermittelst einer Art Falltüre darin einsperren konnte, der dann aber dafür seinerseits die darum Herumsitzenden in die Beine zwicken und kitzeln konnte. Die zweistöckigen Betten waren zum Teil aus alten Leitern gebaut, den Heuraufen in einem Stall nicht unähnlich. Immer hing Wäsche wimpelhaft in einer Art Dauerbeflaggung quer durch die Stuben, und gleich Gehängten baumelten an Haken offen die Kleider von der Decke herab. Denn es mangelte ein Schrank.

Eine Folge solch tierischen Zusammenhausens war, daß den Keuchhusten alle Powenzkinder fast gleichzeitig hatten, und ihr hemmungsloses Draufloshusten, was bekanntlich die Krankheit krampfhaft verschlimmert, klang wirklich beängstigend, besonders in der Nacht. Dann saßen sie auf ihren Leiterbetten, fast blau im Gesicht, krächzend, bellend, keuchend, bis endlich Powenz ihnen das Husten einfach verbot, widrigenfalls er sie barbarisch durchpeitschen werde, was er gewiß auch ohne weiteres wahrmachte. Dieses russische Heilmittel, den Keuchhusten mit der Peitsche auszutreiben, wirkte ganz ausgezeichnet. Es half nichts, wenn Jadupchen jammerte: »Ich huste ja gar nicht, es hustet aus mir!« Wer hustete, bekam Hiebe, also husteten sie nicht mehr. Damit man sie aber als gemeingefährlich und ansteckend gleich von weitem erkenne und meide, trugen sie kleine Schildchen an einer Schnur um den Hals gehängt, mit der Inschrift: »Ich habe Keuchhusten!«

Aus ›Die Powenzbande‹ von Ernst Penzoldt

Die Löcher im Käse

Wenn abends wirklich einmal Gesellschaft ist, bekommen die Kinder vorher zu essen. Kinder brauchen nicht alles zu hören, was Erwachsene sprechen, und es schickt sich auch nicht, und billiger ist es auch. Es gibt belegte Brote; Mama nascht ein bißchen mit, Papa ist noch nicht da.

»Mama, Sonja hat gesagt, sie kann schon rauchen – sie kann doch noch gar nicht rauchen!« – »Du sollst bei Tisch nicht reden.« – »Mama, guck mal die Löcher in dem Käse!« – Zwei Kinderstimmen, gleichzeitig: »Tobby ist aber dumm! Im Käse sind doch immer Löcher!« Eine weinerliche Jungenstimme: »Na ja – aber warum, Mama? *Wo kommen die Löcher im Käse her?*« – »Du sollst bei Tisch nicht reden!« – »Ich möcht aber doch wissen, wo die Löcher im Käse herkommen!« – Pause. Mama: »Die Löcher ... also ein Käse hat immer Löcher, da haben die Mädchen ganz recht! … ein Käse hat eben immer Löcher.« – »Mama! Aber dieser Käse hat doch keine Löcher! Warum hat der keine Löcher? Warum hat der Löcher?« – »Jetzt schweig und iß. Ich hab dir schon hundertmal gesagt, du sollst bei Tisch nicht reden! Iß!« – »Bww! Ich möcht aber wissen, wo die Löcher im Käse … aua, schubs doch nicht immer …!« Geschrei. Eintritt Papa. »Was ist denn hier los? Gun Ahmt!« – »Ach, der Junge ist wieder ungezogen!« – »Ich bin gar nicht ungezogen! Ich will nur wissen, wo die Löcher im Käse herkommen. Der Käse da hat Löcher, und der hat keine!« Papa: »Na, deswegen brauchst du doch nicht so zu brüllen! Mama wird dir das erklären!« – Mama: »Jetzt gib du dem Jungen noch recht! Bei Tisch hat er zu essen und nicht zu reden!« – Papa: »Wenn ein Kind was fragt, kann man ihm das schließlich erklären! Finde ich.« – Mama: »Toujours en présence des enfants! Wenn ich es für richtig finde, ihm das zu erklären, werde ich ihm das schon erklären. Nu iß!« – »Papa, wo doch aber die Löcher im Käse herkommen, möcht ich doch aber wissen!« – Papa: »Also, die Löcher im Käse, das ist bei der Fabrikation: Käse macht man aus Butter und aus Milch, da wird er gegoren und da wird er feucht; in der Schweiz machen sie das sehr schön – wenn du groß bist, darfst du auch mal mit in die Schweiz, da sind so hohe Berge, da liegt ewiger Schnee darauf – das ist schön, was?« – »Ja. Aber Papa, wo kommen denn die Löcher im Käse her?« – »Ich hab's dir doch eben erklärt: die kommen, wenn man ihn herstellt, wenn man ihn macht.« – »Ja, aber ... wie kommen denn die da rein, die Löcher?« – »Junge, jetzt löcher mich nicht mit deinen Löchern und geh zu Bett! Marsch! Es ist spät!« – »Nein! Papa! Noch nicht! Erklär mir doch erst, wie die Löcher im Käse ...« Bumm. Katzenkopf. Ungeheuerliches Gebrüll. Klingel.

Aus ›Zwischen Gestern und Morgen‹ von Kurt Tucholsky

Ich verabscheute Linsen

Einst hatte ich nachsitzen müssen und kam um eine Stunde zu spät heim. Nun sollte ich nachessen, und es gab Linsen. Da ich indessen allein im Zimmer war, verteilte ich das Gericht nach allen Seiten. Ein paar Löffel ins Ofenloch, ein paar Löffel hinters Büffet, ein paar zwischen die Sofapolster, und so fort. Auch die tiefen Schnitzereien an unserem eichenen Eßtisch boten Verstecke, um mittags unbeliebte Bissen via Serviette verschwinden zu lassen. Bob, der Dackel, war in dieser Beziehung auch stets auf unserer Seite.

Aus ›Mein Leben bis zum Kriege‹ von Joachim Ringelnatz

›*Die Alten*‹

Schließlich ein Geheimnis im Vertrauen. Mit der Jugend, wissen Sie, geht es wie mit dem Pferdespiel; sie rennt herum. Kaum hat einer angefangen, der jüngste zu sein, so reitet ihm schon ein noch jüngerer auf den Fersen. Und während er eben gerade im besten Zug ist, seinen Vordermann ›wackliger Greis‹ zu schmähen, kichert es bereits hinter ihm ›alter Geck‹. Hören Sie es nicht? So schauen Sie doch nur in den Spiegel. Man sieht ja wahrhaftig schon drei anmutige Fältlein links und rechts neben den Augen! Das sind junge hoffnungsvolle Rünzelchen, mein Bester. Und wenn diese Rünzelchen werden Runzeln geworden sein, dann wird eine freche Bande mannbarer Buben Sie verhöhnen, so wie jetzt Sie die Alten verhöhnen. Amen, das geschehe!

Aus ›Lachende Wahrheiten‹ von Carl Spitteler

Gedanken zur Erziehung

Es wäre der Mühe wert zu untersuchen, ob es nicht schädlich ist, zu sehr an der Kinderzucht zu polieren. Wir kennen den Menschen noch nicht genug, um dem Zufall, wenn ich so reden darf, diese Verrichtung ganz abzunehmen. Ich glaube, wenn unsern Pädagogen ihre Absicht gelingt, ich meine, wenn sie es dahin bringen können, daß sich die Kinder ganz unter ihrem Einfluß bilden, so werden wir keinen einzigen recht großen Mann mehr bekommen. Das Brauchbarste in unserm Leben hat uns gemeiniglich niemand gelehrt. Auf öffentlichen Schulen, wo viel Kinder nicht allein zusammen lernen, sondern auch Mutwillen treiben, werden freilich nicht so viel fromme Schlafmützen gezogen, mancher geht ganz verloren, den meisten sieht man aber ihre Überlegenheit an. Bewahre Gott, daß der Mensch, dessen Lehrmeisterin die ganze Natur ist, ein Wachsklumpen werden soll, worin ein Professor sein erhabenes Bildnis abdruckt!

Georg Christoph Lichtenberg

Aus der Schule geplaudert

Wenn es keine Kinder gäbe, hätten die Männer niemand, dem sie von ihren guten Schulzeugnissen erzählen könnten.

Anonym

Man gibt seine Kinder auf die Schule, daß sie still werden, auf die Hochschule, daß sie laut werden.

Jean Paul

Die Leute haben eine Art von Bildung; das heißt, sie wissen genug von allen Dingen, um darüber verkehrt reden zu können.

Vauvenargues

So ein bißchen Bildung ziert den ganzen Menschen.

Heinrich Heine

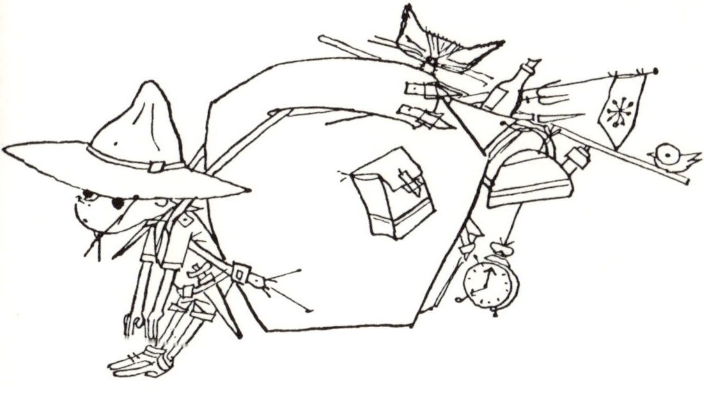

... vermöge seiner Bildung sagt der Mensch nicht, was er denkt, sondern was andere gedacht haben und was er gelernt hat.

Schopenhauer

Er möchte gern wissen, was Kunst ist

»Muttihi?« fragt Martin.
»Ja?«
»Mutti, was is einlich Kunst?«

Einen Augenblick fühlt die Mutter sich versucht, die unbehagliche Frage mit der Redensart, das verstünde er noch nicht, abzutun. Aber dann schämt sie sich ihrer Bequemlichkeit und beginnt, dem Jungen das Wesen der Kunst darzulegen, so gut sie's eben vermag. Zuerst weist sie ihn auf die Cembalo- und Blockflötenmusik hin, die sie abends mit Christoph und Görge aufzuführen pflegt. Dann erklärt sie ihm, was es mit der

Bemühung eines Malers auf sich hat, zum Beispiel vermittels eines Blumenstraußes, den er darstellt, seine Freude oder seine Schwermut auszudrücken, merkt aber, daß da verschiedene Fragen auftauchen, über die sie sich selbst noch nicht recht klar ist, und geht lieber zur Dichtkunst über. Es stellt sich jedoch heraus, daß die Bewandtnisse hier noch schwieriger sind als dort.

So sagt sie schließlich:
»Weißt du, Martin, ich denke mir, daß jeder Künstler ein bißchen was vom lieben Gott hat. Ob er nun mit Tönen oder Farben oder mit Worten arbeitet, immer erschafft er etwas, was vorher so noch nicht da war und was schön und richtig ist und eine Ordnung und ein Leben und eine Seele in sich hat. Und das nennt man Kunst. Ob du wohl verstehst, wie ich's meine?«
»Hja«, sagte Martin. »Un was is nun Kunstdünger?«

Aus ›Martin‹ von Manfred Hausmann

Die Nummern in der Schule

Bei uns in der Schule gingen die Nummern von eins bis fünf, wobei eins schlecht bedeutete, zwei ungenügend, drei genügend, vier gut und fünf sehr gut. Aber der Mensch will sich ja nicht begnügen, und so erfand der Lehrerzorn eine noch schlechtere Nummer als schlecht, nämlich die Null. Alle übrigen Noten hatten ihr sprachliches Äquivalent, selbst 3 × hieß ›befriedigend‹, nur die Null war so unsagbar, daß für sie der Ausdruck fehlte. Null blieb Null und unübersetzbar. Zugleich aber ging die Sage, daß es eine Nummer gebe, die noch besser als ›sehr gut‹ sei, nämlich die Sechs! Manche hielten die Existenz der Sechs für eine Mythe; ein Onkel von mir behauptete freilich, einmal für lateinischen Aufsatz eine Sechs bekommen zu haben, doch das ließ sich ja nicht nachprüfen. Auch diese phantastische Sechs blieb, gleich der Null, unübersetzbar; sie bedeutete eine Qualität, die in Worten nicht mehr auszudrücken war.

Diese Schicksalszahlen bekamen für uns jede ein besonderes Gesicht und wurden zu sehr wirklichen, bösen oder beglückenden Wesen. Selbst wenn sie unsichtbar blieben, konnten wir sie sehen, denn wenn sie in den geheimnisvollen ›Lehrerkalender‹ eingetragen wurden, so hielt die ganze Klasse den Atem an, und vierzig Augenpaare suchten aus der Kurve des Stiftes zu erraten, welche Nummer er soeben hineinschrieb. Der Lehrerkalender, das Buch der Nummern, wer da hineinschauen könnte! Gewichtig wurde er aus der Brusttasche gezogen – liber scriptus proferetur / in quo totum continetur / unde mundus iudicetur. – Die Eins hieß der ›Pfahl‹, ein Schandpfahl, gen Himmel ragend wie ein Fabrikschornstein, durchzogen vom Höllenqualm furchtbarer häuslicher Nachspiele. Die Zwei sah wie ein Schwan aus, aber so ein wütender, zischender, der einem mit dem Schnabel in die Hosen kneift. Die Drei wurde ›Buckelchen‹ genannt, zog katzbuckelnd den Hut und sagte: »Genügend; du sollst dich begnügen; Hochmut kommt vor dem Fall; Eile mit Weile« – sie war das Sinnbild der Mediokrität. Die Vier aber war ein salutierender Zinnsoldat und schnarrte ihre Lektion herunter wie eine tadellose Meldung. »Gut, schon gut ...«, schien der Wachhabende zu sagen. Die Fünf jedoch schwebte hoch über uns wie eine silberne Mondsichel und hatte zugleich irgendeine Ähnlichkeit mit dem Primus auf der ersten Bank. Der krümmte genau so den Rücken und streckte sein Kinn vor, um nur ja kein Lehrerwort zu verlieren. Am schrecklichsten aber war die Null. Nur die hinterste Bank, welche ›Kamtschatka‹ genannt wurde, war gegen die Null völlig unempfindlich.

Die Einwohner von Kamtschatka hatten mit diesem Leben abgeschlossen. Aufgerufen, erhob sich der Kamtschadale langsam zu seiner vollen Größe, antwortete prinzipiell nichts und setzte sich dann mit der erhaltenen Null, die wie ein Heiligennimbus über seinem Haupt schwebte.

Aus ›Wie ich glaube‹ von Sigismund v. Radecki

Die Mädchen

Ich bestehe darauf, daß man jungen Mädchen, die man gut erziehen will, auch von der Liebe etwas sagen muß.

Stendhal

Tut mädchenhaft, sagt immer nein, und nehmt.

Shakespeare in ›König Richard III.‹

Kläre den Geist eines jungen Mädchens auf, forme seinen Charakter, kurz, gib ihm im wahren Sinne des Wortes eine gute Erziehung: früher oder später nimmt es seine Überlegenheit über die andern Frauen wahr, wird eine Pedantin, das heißt, das unangenehmste und heruntergekommenste Wesen auf der Welt. Es gibt keinen unter uns, der sein Leben nicht lieber mit einer Magd als mit einem Blaustrumpf verbrächte.

Stendhal

Mit einem Mädchen hat es die Natur auf das, was man, im dramaturgischen Sinne, einen Knalleffekt nennt, abgesehen ...

Schopenhauer

Schundliteratur

Mein Vater beschlagnahmte eine Sammlung von Ansichtskarten, die ich mir angelegt hatte, und auf denen halbnackte Mädchen zu sehen waren. Er beschlagnahmte auch ein sehr aufregendes Buch, das ich von einem Freund eingetauscht hatte und das den Titel trug ›Der Frauenhandel in Wisconsin‹. Nie habe ich das Buch wiedergesehen ...

Aus ›Mein Leben bis zum Kriege‹ von Joachim Ringelnatz

Ein Gespräch

Alissa ist erst seit kurzem auf der Volksschule. Unter dem Fenster, hinter dem ich arbeite, steht sie mit einem Freund. Sie haben sich von der Gruppe abgesondert, die etwas weiter auf der Straße spielt. Beide umhüllt eine kleine Nachmittagsstille, in der sich schon das Ende des Tages abzeichnet, denn für sie währt der Abend viel kürzer als für uns. Ich beneide sie um diese Stille. Ich selbst habe eine viel größere nötig, um zur Ruhe zu kommen.

Alissa und ihr Freund unterhalten sich: zwanglos, nicht lebhaft und gewichtig, sie sehen sich dabei nicht an und reiben sich nichts unter die Nase, die bei dem Jungen rot und voller Sommersprossen, bei Alissa dagegen goldblank und nur direkt bei den Augen mit Sommersprossen besät ist. Sie könnten bereits jetzt schon ineinander verliebt sein und sind es wohl auch auf eine bestimmte Art, die wir bei Erwachsenen ebenfalls feststellen. Die Liebe des Freundes ist nicht beschützend und umgänglich, sondern anhimmelnd und brüsk. Wäre er zehn Jahre älter, so wüßte er nicht, wie er seine Schüchternheit verbergen und ihre Unnahbarkeit mildern könnte. Jetzt darf er noch Gewaltmittel anwenden.

Ihre Liebe hängt von Stimmungen ab, von Spielzeug und einer Perlenkette. Ich erkenne es an ihrer Haltung und an ihrer Durchsichtigkeit. Vielleicht wird sie später launisch, in einem Augenblick unzufrieden, im nächsten exaltiert sein. Vielleicht wird sie zu schön, um jemanden zu lieben, weil die Auswirkung ihrer Schönheit sie verwirrt. Vielleicht bleibt sie zu lange jung und neugierig. Sie wird viele Dinge tun, viele Leute kennenlernen, in vielen Ländern wohnen wollen. Beide umgibt eine Einsamkeit, die verlegen und vertraut macht. Alissa hat einen Kreisel und eine kleine Peitsche in der Hand. Ihre Finger fummeln an dem Knoten herum, mit dem die Schnur an den Stock gebunden ist. Der Freund sieht zu, aber nicht dauernd, sonst würde er sich schämen. Manchmal entfernt er sich einige Schritte von Alissa und vollführt einen Trampeltanz auf dem Trottoirrand. Sie blickt nicht

auf, aber er weiß, daß sie es gesehen hat und daß es ein Geheimnis zwischen ihnen ist. Er wagt nicht, ihr die Peitsche aus der Hand zu nehmen, obgleich er nichts lieber möchte, weil es dann den Anschein hätte, daß sie ihn mehr liebte.

»Wenn du dreimal doof, doof, doof rufst«, sagt er, »dann erscheinen zwei Männchen vor deiner Nase, und das sind der liebe Gott und Jesus. Und von denen kannst du dir dann eine elektrische Eisenbahn wünschen.«

Ohne von ihrer Peitsche aufzusehen, fragt Alissa: »Und bekommt man sie dann auch?«

»Ja, und eine so schöne, daß man selbst darin sitzen kann.« Er schweigt einen Augenblick. Dann fährt er fort: »Beim Beten habe ich die ganze Zeit gottverdammt gesagt, bis das Beten zu Ende war.«

»Bist du nicht dafür bestraft worden?«

»Doch. Ich wurde aus dem Zimmer geschickt und mußte in der Küche sitzen und bekam eine Ohrfeige.«

»Warum hast du es denn getan?«

»Weil ich keine elektrische Eisenbahn bekommen habe.«

Erst jetzt blickt Alissa auf. Sie mustert ihn mit weiblichem Interesse. Sie ist mit der Schnur fertig. Sie bückt sich, um den Kreisel zwischen zwei Pflastersteine zu stecken. Aber ehe sie zuschlägt, fragt sie: »Warum hast du dir keinen Kreisel gewünscht?«

Er denkt kurz nach. Dann antwortet er: »Einen Kreisel bekommt man nicht. Den kauft man.«

Sie zuckt die Achsel und versetzt dem Kreisel einen tüchtigen Schlag.

Aus ›Alissa und Adrienne‹ von Adriaan Morriën

Ein Gleiches

Nele: Gibt's blaue Tulpen?

Vater: Nein.

Nele: Das ist ein Fehler, ein Leichtsinnsfehler, gell, einfach vergessen. Blau ist eine so schöne Farbe. Und ein so schönes Wort. Es tönt so. Himmelblau! Also, ich mal meine Tulpen himmelblau.

Vater: Das kann dir niemand verbieten.

Nele: Und weiß man trotzdem, daß es Tulpen sind?

Vater: Ich denke schon.

Nele: Ja gell, weil's eben Kunst ist. In der Kunst sind Tulpen blau, das ist ganz wurscht, wenn's nur schön ist.

Aus ›Sonntagsgespräche mit Nele‹ von Ernst Heimeran

Zur Fotografie eines Konfirmanden

Da steht er nun, als Mann verkleidet,
und kommt sich nicht geheuer vor.
Fast sieht er aus, als ob er leidet.
Er ahnt vielleicht, was er verlor.

Er trägt die erste lange Hose.
Er spürt das erste steife Hemd.
Er macht die erste falsche Pose.
Zum erstenmal ist er sich fremd.

Er hört sein Herz mit Hämmern pochen.
Er steht und fühlt, daß gar nichts sitzt.
Die Zukunft liegt ihm in den Knochen.
Er sieht so aus, als hätt's geblitzt.

Womöglich kann man noch genauer
erklären, was den Jungen quält:
Die Kindheit starb; nun trägt er Trauer
und hat den Anzug schwarz gewählt.

Er steht dazwischen und daneben.
Er ist nicht groß. Er ist nicht klein.
Was nun beginnt, nennt man das Leben.
Und morgen früh tritt er hinein.

Erich Kästner

Schön ist die Jugend!

Ich hör es gern, wenn auch die Jugend plappert,
Das Neue klingt, das Alte klappert.

Goethe

Jugend ist wie ein Most, der läßt sich nicht halten, er muß vergären und überlaufen. So will die Jugend sich auch immer sehen lassen und etwas vor andern sein.

Luther

Und wenn sich alle Schulmeister der Welt auf den Kopf stellen oder vielmehr fest hinsetzen aufs Katheder; sie erobern die Welt zwischen dem sechzehnten und zwanzigsten Lebensjahre doch nicht durch moralisch, ethisch und politisch gereinigte Anthologien.

Wilhelm Raabe

Gold kann vieles in der Welt,
Jugend kauft man nicht um Geld.

Raimund

Wenn man der Jugend reine Wahrheit sagt,
Die gelben Schnäbeln keineswegs behagt,
Sie aber hinterdrein nach Jahren
Das alles derb an eigner Haut erfahren,
Dann dünkeln sie, es käm aus eignem Schopf;
Da heißt es dann: der Meister war ein Tropf.

Mephisto in Goethes ›Faust‹

Es ist ausgemacht, daß die schlechte Erziehung der Frauen viel mehr Unheil anrichtet als die der Männer.

Fénelon

Ein jeder muß sich wehren, wie er kann,
vom Knaben auf, so wird's zuletzt ein Mann.

Mephisto in Goethes ›Faust‹

Wenn die Kinder groß geworden sind, finden sie das Elternhaus altmodisch und treten mit kühnen Ansichten ins Leben hinaus. Sie beschließen, ihre Kinder dereinst ganz anders zu erziehen; Fragen und Ermahnungen wie: Hast du auch ein Taschentuch? Die Zähne geputzt? Bist du warm angezogen? Hat jemand meine Schlüssel gesehen? – all dies wird unnötig sein, und niemals wird es Rindfleisch geben.

Aus ›Die lieben Verwandten‹ von Ernst Heimeran

Fiep Westendorp

wurde in Zaltbommel, Holland, geboren. Sie erhielt ihre Ausbildung, zunächst als Gebrauchsgraphikerin, in der Kunstschule Hertogenbosch und später an der Akademie von Rotterdam.

Fiep Westendorp schuf mehrere Wandbilder. Seit 1945 widmet sie sich hauptsächlich der Buchillustration. Sie hat in Holland viele Kinderbücher illustriert. Daneben arbeitet sie regelmäßig für Zeitungen und Zeitschriften.

Die Künstlerin lebt in Amsterdam.

Herausgeber und Verlag

dieses Buches sind folgenden Verlagen

zu Dank verpflichtet:

Artemis Verlag, Zürich (*Die Alten* aus ›Lachende Wahrheiten‹ von Carl Spitteler)

Atrium-Verlag, Zürich (*Zur Fotografie eines Konfirmanden* aus ›Lyrische Hausapotheke‹ von Erich Kästner)

C. Bertelsmann Verlag, Gütersloh (*Er möchte gern wissen, was Kunst ist* aus ›Martin‹ von Manfred Hausmann)

Biederstein Verlag, München (*Ein Gespräch* aus ›Alissa und Adrienne‹ von Adriaan Morriën)

Jakob Hegner Verlag, Köln (*Die Nummern in der Schule* aus ›Wie ich glaube‹ von Sigismund v. Radecki)

Ernst Heimeran Verlag, München (*Ein Gleiches* aus ›Sonntagsgespräche mit Nele‹ von Ernst Heimeran)

Karl Henssel Verlag, Berlin (*Kind, spiele!* aus ›Es zwitschert eine Lerche im Kamin‹, *Ich verabscheute Linsen* und *Schundliteratur* aus ›Mein Leben bis zum Kriege‹ von Joachim Ringelnatz)

Insel-Verlag, Frankfurt a. M. (*Die Taufe* aus ›Uilenspiegel und Lamme Goedzak‹ von Charles de Coster; *Das Geburtstagslied* und *Wie sich das Galgenkind die Monatsnamen merkt* aus ›Alle Galgenlieder‹ von Christian Morgenstern)

Rowohlt Verlag, Reinbek (*Die Löcher im Käse* aus ›Zwischen Gestern und Morgen‹ von Kurt Tucholsky)

Suhrkamp Verlag, Frankfurt a. M. (*Der Keuchhusten* aus ›Die Powenzbande‹ von Ernst Penzoldt)

Verantwortungsbewußte Erzieher
schenken Kindern
Diogenes Kinderbücher

Philippe Fix
Serafin und seine Wundermaschine
Serafin gegen Serafin
Serafin-Lesen verboten!

Maurice Sendak
Wo die wilden Kerle wohnen
Die Mini-Bibliothek
Higgelti Piggelti Pop!
Hektor Protektor
In der Traumküche

Tomi Ungerer
Der Zauberlehrling
Der Bauer und der Esel
Zeraldas Riese
Die drei Räuber
Der Mondmann

Reiner Zimnik
Der Bär auf dem Motorrad
Die Geschichte vom Käuzchen
Bills Ballonfahrt